뿌리 깊은 나무

원문 정산종사법어

그린이 김담
추계예술대학교, 중앙대학교 대학원에서 회화를 전공하였고
여섯 번의 작품전을 열었습니다. 그동안 창작동화 「외눈박이 덕구」
「네손가락의 피아니스트 희아」, 「방귀쟁이하곤 결혼 안해」, 「꼬마전등아래서」
전래동화 「구운몽」, 「평강공주와 바보온달」, 「미녀와 야수」 등에 그림을 그렸습니다.

뿌리 깊은 나무

원문 · 정산종사법어
그린이 · 김담
펴낸이 · 김영식
펴낸곳 · 동남풍
진행 · 김진아교무
초판1쇄 펴냄 · 2004년 12월 10일
출판등록일 · 1991년 5월 18일
등록번호 · 제66호
주소 · 전라북도 익산시 신용동 344-2(570-754)
전화 · 063-854-0784
값 8,000원

- 이 책의 저작권은 동남풍에 있으므로 무단 전재와 복제를 금합니다.
- 잘못된 책은 바꾸어 드립니다.
  ISBN 89-86065-57-6 03200
      89-86065-55-X(세트)

뿌리 깊은 나무

도서출판 동남풍

차례

스승의 지도대로 하라 · 07

무궁은 한량없고 변치 않는 것 · 10

신앙은 뿌리요 수행은 원천이라 · 16

좋은 싹을 기르자 · 18

어찌 애석하지 아니하리요 · 20

연꽃이 되라 · 28

일 없을 때 준비를 잘해야 동할 때에 걸림이 없다 · 30

천하가 한 집안 · 36

뭉쳐서 키운 마음이라야 지혜의 광명도 크게 솟아나나니라 · 38

대종사의 심법을 큰 챗줄 삼고 · 40

삼계의 대권 · 46

믿음은 모든 선의 근본이요 화합은 모든 복의 근원이라 · 50

무형한 진리 세계의 창고를 채우자 · 54

세상만사에도 수가 있나니 · 59

심신의 수고와 재물을 아끼지 말고
정당한 공부 사업에 힘써 혜복을 갖추어라 · 68

나무 심기 좋아하는 마음은 덕있는 마음 · 74

매장이나 화장간에 적당한대로 하라 · 78

악심은 처음 날 때에 끊어 버리고 선심은 놓치지 말라 · 84

살아서 솔이 되어 · 88

스승의 지도대로 하라

기연편(機緣編) 제10장

말씀하시기를 「나는 대종사를 뵈온 후로는 일호(一毫)* 털 한 개라는 뜻으로, 매우 작은 것을 비유하여 이르는 말의 이의가 없이 오직 가르치시는 대로만 순종하였으며, 다른 것은 모르지마는 이 법으로 부처되는 길만은 확실히 자신

성불(成佛) (1) 삼학 병진수행을 원만히 하여 삼대력을 얻고 일원상의 진리를 깨쳐 대각여래위의 대도인이 되는 것. (2) 모든 번뇌를 해탈하고 부처의 경지에 도달하는 것. 작불(作佛)·성도(成道)·득도(得道)라고도 한다. 모든 불도 수행자들이 이루기를 원하는 최고의 경지.

하였노니, 그대들이 기필 성불(成佛)*하고자 하거든 대종사의 교법(敎法)*종교의 교리나 성자의 가르침은 모든 사람을 구제하는 법이요, 진리대로만 수행하고 나의 지도에 순종하라.

법을 알기 전에는 고행도 하고 편벽되이 헤매기도 하지마는 스승을 만나 안 후에는 스승의 지도대로만 하면 되나니라.」

무궁은 한량없고 변치 않는 것

국운편(國運編) 제33장

산동교당 뜰 앞의 무궁화와 태극기를 보시며 말씀하시기를 「무궁화는 그 이름이 좋으니, 무궁은 한량 없고 변치 않음을 뜻함이라 이 나라가 새 세상 대 도덕의 근원이 될 것을 저 무궁화가 예시하고 있으며, 태극기는 그 이치가 깊으니, 태극은 곧 우주의 원리로서 만물의 부모가 되는 것이요 태극은 무극이며 무극은 일원(一圓)*이라 일원대도(一圓大道)*가 장차 온 인류의 귀의처가 되고 그

발원지인 이 나라가 전생령(生靈)*의 정신적 부모국이 될 것을 저 태극기가 예시하고 있나니라.」

생령(生靈) (1) 살아있는 일체 생명 (2) 살아있는 생명체의 영혼

일원 (一圓)

원불교에서 우주만유의 궁극적인 진리를 상징적으로 표현하는 말. 「일원상」 또는 「일원상의 진리」라고도 한다.

일(一)은 모든 수(數)의 시초, 모든 모양(象)의 전체, 모든 양(量)의 총합, 질(質)의 순수를 의미한다. 원(圓)은 원만하고 두렷하고 온전하다는 뜻이다.

또 일(一)은 모든 것을 하나로 합친다는 뜻이 있고, 원은 하나로 통한다는 뜻이 있다. 궁극적인 진리는 하나이고 우주만물에 두루 통한다는 뜻이다.

일원대도 (一圓大道)

일원의 진리가 만고대도(萬古大道) 또는 무상대도(無上大道)라는 뜻.

일원의 진리는 우주만유의 본원이요 언어도(言語道)가 끊어졌으며, 절대 유일의 자리로서 일체의 상대·차별이 끊어졌고, 모든 것을 다 포함했으며, 불생불멸하고 무시무종하여 무한히 돌고 돌아 그침이 없으므로 만고대도요 무상대도라고 한 것이다. 「천하 사람이 다 행할 수 있는 것은 천하의 큰 도요, 적은 수만 행할 수 있는 것은 작은 도라 이르나니, 그러므로 우리의 일원종지와 사은사요·삼학팔조는 온 천하 사람이 다 알아야 하고 다 실행할 수 있으므로 천하의 큰 도가 되나니라.」(《대종경》교의품 2장) 이와 같이 일원의 진리는 이 세상 모든 사람들이 다 믿고 행할 수 있는 대도정법이요 인의대도이기 때문에 일원대도라 한다.

신앙은 뿌리요 수행은 원천이라

권도편(勸道編) 제4장

말씀하시기를 「뿌리 깊은 나무는 바람에 아니 뽑히고 원천이 깊은 물은 가뭄에 아니 마르나니, 인생 생활에 신앙은 뿌리요 수행은 원천이라, 신앙이 깊은 생활은 아무러한 역경 난경에도 꿋꿋하여 굽히지 아니할 것이요 수행이 깊은 생활은 어떠한 유혹에도 초연하여 평온함을 얻나니라.」

좋은 싹을 기르자

무본편(務本編) 제11장

말씀하시기를 「물에 근원이 있고 나무에 뿌리가 있어야 그 물과 나무가 마르지 않듯이, 현재에 복락을 누리는 것 보다 그 용성(用性)*에 복덕(福德)*의 종자가 박혀 있어야 그 복락이 유여하나니 자기 마음에 어떠한 싹이 트고 있는가를 늘 살피어, 좋은 싹을 기르기에 힘을 쓰라. 복덕의 종자, 복덕의 싹은 곧 신심과 공심(公心)*과 자비심이니라.」

용성(用性) (1) 마음을 사용하는 것. (2) 마음을 사용하되 사심잡념으로 사용하지 않고 본래 성품 그대로 사용하는 것.

복덕(福德) (1) 선인선과의 법칙에 따라서 선행에 대한 과보로서 받는 복리, 복스러운 공덕. (2) 복과 덕, 행복스럽고 덕행이 두터운 것.

공심(公心) 자기 개인보다 교단 전체, 인류 전체를 우선하고 헌신 봉공하는 마음.

어찌 애석하지 아니하리요

근실편(勤實編) **제1장**

정산종사(鼎山宗師)* 말씀하시기를 「이 세상 사람들은 대개 나타나 보이는 것은 믿으나 나타나지 않는 것은 믿지 아니하며, 외부의 영화에는 정신이 몰두하나 내면의 진실은 찾아 보지 아니하며, 당장의 이해에는 추호를 살피나 장래의 죄복(罪福)*은 생각하지 못하므로, 그 행동이 매양 형식과 거짓을 꾸며서 근원 있는 실력을 기르지 못하고 그날 그날의 허영과 이욕에 날뛰다가 필경은 죄업(罪業)*의 구렁에 떨어지나니 어찌 애석하지 아니하리요. 화려한 제 뿔만을 사랑하고 잘못 생긴 제 다리는 미워하던 사슴이 포수에게 쫓기어 숲속을 헤쳐 나올 때 저를 살려 준 것은 잘못 생겼으되 잘 뛰어준 다리였고 저를 죽일 뻔 하게 한 것은 화려하되 숲에 거리끼기만 하던 뿔이었다라는 이야기는 한낱 우화에 불과하나, 돌이켜 생각하면 이 세상을 여실히 풍자한 경어(警語)*라 할 것이니라.」

죄복(罪福) 죄와 복. 악한 과보를 받을 나쁜 짓을 죄라 하고, 선한 과보를 받을 착한 짓을 복이라 한다. 곧 악업을 죄라 하고 선업을 복이라 한다. 중생은 죄를 받기 싫어하고 복을 받기 좋아하나, 죄받을 악업을 많이 짓고 복받을 선업을 잘 짓지 아니한다.

죄업(罪業) (1) 몸·입·뜻의 삼업으로 저지른 죄가 될만한 악행. (2) 죄의 과보. 사람은 청정한 자성에서 경계따라 습관과 업력에 끌려 죄업을 짓게 된다.

경어(警語) 미리 경계하여 가르치는 말씀.

정산종사 (鼎山宗師)

1900~1962 소태산 대종사의 수제자. 본명 도군(道君), 법호 정산(鼎山). 경북 성주군 초전면에서 부친 구산 송벽조(久山 宋碧照)와 모친 준타원 이운외(準陀圓 李雲外)의 장남으로 출생. 어려서부터 천품이 총명하고 국량이 호대하며 기상이 화청하여 선동(仙童)이라 불리웠다. 8세경부터 한학을 배우면서 세계를 바로잡고 모든 인류를 구제하는 큰 인물이 되어야겠다는 큰 뜻을 품고 스승을 찾아 각 처를 헤매다녔다. 16세경에 당시 신흥종교의 본거지이던 전라도로 와서 보천교의 교조인 차경석을 만나 보았으나 그가 정법도인이 아니라고 판단했다. 정법의 스승을 찾지못해 우울한 심경으로 모악산 대원사에서 혼자 수행에 전념하던 중, 마침 이 절에 불공하러 온 김해운(金海運) 할머니를 만나게 되었다. 김해운의 간청에 따라 정읍시 북면 화해리 김해운의 집으로 가서 몇 달 동안 혼

자서 기도하며 수행 적공했다. 원기 2년(1917)에 소태산 대종사가 친히 화해리를 찾아와 처음으로 서로 만나게 되었다. 이듬해에 송규는 영광으로 가서 소태산 대종사와 사제지의(師弟之誼)를 맺었다. 이 때부터 송규는 소태산 대종사의 수제자로서 다른 구인제자들과 함께 교단 창립에 적극 노력하게 되었다. 소태산 대종사가 부안 봉래정사에서 원불교의 교리와 제도를 제정할 때에 크게 보필하였다. 교리 제정에 기여한 공로로 인하여 소태산 대종사는 그를 「우리 회상의 법모(法母)」라고 까지 칭찬하였다. 이후로 송규는 익산총부와 영산성지에서 후진양성에 주력하였다. 원기 28년(1943)에 소태산 대종사가 열반하자 종통을 이어 후계 종법사가 되었다. 일제말기의 가혹한 탄압과 8·15의 혼란, 6·25의 수난 등을 극복하면서 소태산 대종사의 성업을 계승 발전시켰다. 8·15 광

복 이후에 교단의 명칭을 「불법연구회」에서 「원불교」로 바꾸었다. 원기 38년(1953)에 거행한 「제1대 성업봉찬 기념사업」을 주도했다. 「원각성존소태산대종사비명」을 직접 집필하여 소태산 대종사를 후천개벽시대의 주세불로, 원불교를 주세종교로 천명하였다. 원기 46년(1961) 4월에 동원도리·동기연계·동척사업의 삼동윤리를 처음 설했고, 이듬해 1월 24일, 중앙총부에서 삼동윤리를 최후 법문으로 남기고 열반했. 소태산 대종사는 송규에 대해 「송규는 보통사람의 지량(知量)으로 능히 측량할 인물이 아니다. 내가 그를 만난 후로 그로 인하여 크게 걱정하여 본 일이 없었고, 무슨 일이나 내가 시켜서 아니한 일과 두 번 시켜 본 일이 없었다. 그러므로 나의 마음이 그의 마음이 되고 그의 마음이 곧 나의 마음이 되었다」고 칭찬하였다. 소태산 대종사가 학문의 수습(修習)이 별로 없었던 것에 비하여 그는 당시 저명한 유학자 밑에서 한학을 체계적으로 수학하였다. 그는 〈원각가〉·〈불법연구회 창건사〉·〈건국론〉 등을 비롯하여 많은 저술을 남겼다. 원각가는 당시

교도들의 신앙·수행심 고취에 큰 역할을 하였고, 불법연구회 창건사는 원불교 교사의 기본이 되었다. 건국론은 현재까지도 학자들의 주목을 받고 있다. 그의 법문을 수록한 〈정산종사법어〉가 원기 57년(1972)에 발간되어 원불교 교서의 하나로 쓰여지고 있는데, 〈대종경〉과 더불어 많이 읽히고 있다. 후세 제자들은 그를 개벽계성(開闢繼聖)이라 추앙하고 있다. 원기 85년(2000)은 그의 탄생 백주년이었다. 교단에서는 그의 탄생 백주년을 기념하는 각종 추모기념사업을 전개했다.

연꽃이 되라

법훈편(法訓編) 제16장

말씀하시기를 「옛 성인은 제자들에게 소금이 되라고 하셨거니와 나는 그대들에게 연꽃이 되라고 권하노라. 연꽃은 진흙 속에 뿌리 박았으되 그 잎이 더러움을 받지 않으며, 그 꽃은 아름답고 향기롭나니, 새 세상 수도인들의 상징이니라.」

일 없을 때 준비를 잘해야
동할 때에 걸림이 없다

생사편(生死編) **제11장**

말씀하시기를 「가을을 지낸 과수에는 꽃도 없고 잎도 졌으나, 그 뿌리에 거름을 하고 그 줄기에 소독을 하여 주어야 새 봄에 꽃과 잎이 무성하며 과실도 충실하게 여는 것 같이, 영가(靈駕)*를 위하여 재를 지내는 것도 그 육신은 지수화풍(地水火風)*이 이미 흩어졌으나, 그 영근(靈根)*에 정성과 법력으로써 거름을 하고 소독을 하여 주는 격이라, 그 영가가 새 육신을 받는 길에 큰 도움이 되는 것이며, 우리가 수행(修行)*을 하는 데에도 일 없을 때 준비를 잘하여 놓아야 동할 때에 걸림 없이 잘 활용하게 되나니라.」

영가(靈駕) 중음신(中陰神)의 상태로 있을 때의 영혼. 이생에서 삶을 마치고 떠난 영혼이 다음 생의 생명을 받기 이전까지의 상태를 말한다. 이 기간에 영혼은 새 몸을 받기 위하여 여기저기 돌아다니기도 하고, 새 몸을 받을 곳으로 가야 하기 때문에 영가라고 말한다. 영가로 있을 때에 천도재를 올리게 된다.

영근(靈根) 영가(靈駕)의 근기. 수행인에게 상근기·중근기·하근기가 있는 것처럼, 영가에게도 천도받는 근기가 있다는 뜻에서 영근이라 한다.

지·수·화·풍(地·水·火·風)

사람의 육신이나 일체만물을 구성하는 네 가지 기본 요소로서, 사대(四大)라고도 한다. 불교에서는 우주만물은 이 지·수·화·풍의 이합·집산으로 생겨나기도 하고 없어지기도 한다고 한다. 땅(地)은 굳고 단단한 성질을 바탕으로 하여 만물을 실을 수 있고 또한 재료가 된다. 물(水)은 습윤을 성질로 하여 만물을 포용하고 조화하여 성장시키는 바탕이 된다. 불(火)은 따뜻함을 성질로 하여 만물을 성숙시키는 바탕이 된다. 바람(風)은 움직이는 것을 성질로 하여 만물을 키우는 바탕이 된다. 사람의 육체도 죽으면 다시 지·수·화·풍으로 흩어지게 된다고 한다. 그러므로 불교에서는 사람의 죽음을 사람의 육신이 지·수·화·풍 사대로 흩어지는 것일 뿐 결코 슬퍼할 일이 아니라고 한다. 여기에서 생사해탈 사상이 등장한다. 지·수·화·풍에다가 공(空)을 보태어 오대(五大)라고도 하고, 다시 식(識)을 더 보태어 육대(六大)라고도 한다.

수행(修行)

(1) 종교적인 절대적 인격을 이루기 위하여 성현의 가르침대로 실천궁행 하는 것. 삼학수행을 병진하는 것. 수양한 것을 행동과 실천으로 나타내는 것. 동정일여 · 신행일치 · 지행일치 · 언행일치 하는 것.

(2) 도덕적으로 완성된 인격을 이루기 위하여 행실을 닦아가는 것.

(3) 수(修)는 지혜를 밝히는 것, 행(行)은 복덕을 쌓아가는 것. 복과 혜를 아울러 닦아가는 것.

(4) 수는 공부, 행은 사업. 공부와 사업을 병행해 가는 것.

(5) 수는 무아의 경지에 들어가는 것, 행은 봉공행을 하는 것. 무아봉공이 곧 수행.

(6) 수는 일원의 체성에 합하는것. 행은 일원의 위력을 얻는 것. 종교에 있어서 수행은 신앙과 표리의 관계이다.

천하가 한 집안

유촉편(遺囑編) 제9장

말씀하시기를 「이제는 천하가 한 집안 되는 때라, 앞으로는 어떤 지도자든지 세계주의로 나아가야 크게 성공하리라. 세계사업을 하는 이는 각 국 사람을 고루 생각해 주고, 세세 생생 세계평화를 책임지고 나아가야 하나니라.」

뭉쳐서 키운 마음이라야 지혜의
광명도 크게 솟아나나니라

원리편(原理編) 제33장

 말씀하시기를 「물이 극히 유한 것이지마는 한 방울 한 방울이 모이고 모여 마침내 대해 장강을 이룸과 같이, 마음이 극히 미(微)한 것이지마는 뭉치고 또 뭉치면 큰 위력을 얻게 되며, 뭉쳐서 키운 마음이라야 지혜의 광명도 크게 솟아나나니라.」

대종사의 심법을 큰 쳇줄 삼고

권도편(勸道編) 제23장

말씀하시기를 「명필이 되기로 하면 먼저 명필의 필법을 체받아서 필력을 잘 길러야 하듯이 부처를 이루기로 하면 먼저 부처님의 심법(心法)*을 체받아 일일시시로 불심(佛心)*을 잘 길러야 하나니, 우리는 대종사(大宗師)*의 심법을 큰 쳇줄 삼고 정전(正典)*의 말씀대로 꾸준히 실행하여 대종사의 법통(法統)*을 오롯이 이어 받는 참 제자가 되어야 할 것이니라.」

불심(佛心) (1) 대자 대비한 부처님의 마음. 만능·만덕·만지(萬能 萬德 萬智)를 갖춘 대각여래위의 마음. (2) 진리를 크게 깨달아 세상의 번뇌에 조금도 물들지 않는 마음, 생사거래에 끌려다니지 않는 마음

정전(正典) 원불교의 기본 교리의 강령을 밝힌 경전으로서 〈대종경〉과 합본하여 〈원불교 교전〉이라 불린다. 소태산 대종사의 친저(親著)인 〈불교정전〉을 근본하여 원기 47년(1962년 9월)에 처음으로 발행되었다. 제 1 총서편, 제 2 교의편, 제 3 수행편 등 3편 26장으로 구성되어 있다. 총서편에서는 개교의 동기와 교법의 총설, 교의편에서는 일원상·사은사요·삼학팔조·사대강령, 수행편에서는 염불·좌선·일상수행의 요법·일기법·무시선법·참회문·삼십계문·심고와 기도·최초법어·법위등급·솔성요론 등이 밝혀져 있다.

법통(法統) (1) 법을 전해주고 이어받는 계통. 종법사와 다음 종법사로 법이 계속 이어가는 것. 정산종사는 소태산 대종사의 법통을 이어받았고, 대산종법사는 정산종사의 법통을 물려받은 것이다. (2) 넓은 의미로 스승이 제자에게 법을 전해주는 것. 이때 원불교는 단전(單傳)이 아니라 공전(公傳)으로 한다

대종사(大宗師)

소태산 대종사의 약칭으로 일원의 진리를 크게 깨친 후 후천 개벽 시대의 주세성자. 원불교의 교조이신 소태산 대종사(小太山 大宗師)는 1891년 5월 5일 전남 영광에서 평범한 농민의 아들로 태어났다. 7세 때부터 자연현상과 인생에 대하여 특별한 의문을 품고, 스스로 도(道)에 발심하여 20여 년간 구도 고행을 계속해 마침내 1916년 4월 28일, 큰 깨달음(大覺)을 이루었다.

소태산 대종사는 대각 후 「물질이 개벽되니 정신을 개벽하자」는 표어를 주창하고 먼저 미신타파, 문맹퇴치, 저축조합 운동을 통해 혼란한 시국 속에 희미해가는 민족의 혼을 일깨우고, 땅에 떨어진 인륜의 정신을 바로 세우고자 했다. 새회상 창립의 경제적 기초를 세운 2만 6천 여평의 정관평방언공사, 인류구원을 위한 혈성(血誠)의 기도로 법계의 인증을 받은 법인성사, 법신불 일원상을 최고의 종지(宗旨)로 삼아 교리와 제도를 제정한 봉래제법, 교화, 교육, 자선의 중심지 익산 총부 건설 등 소태산 대종사의 제세경륜(濟世經綸)은 인류의 빛이요, 거룩한 주세성자의 생애였다.

성은 박(朴)씨이며 이름은 중빈(重彬), 호는 소태산(小太山). 원기 28년(1943) 6월 1일, 53세로 열반하였다.

심법 (心法)

(1) 마음을 사용하는 법. 마음을 진리와 합일되게 사용하는 법. 심법이 있다는 말은 마음을 불보살과 같이 잘 사용한다는 말. 심법은 곧 그 사람의 법력이다. (2) 마음을 수련하는 법. 마음을 갈고 닦는 법. (3) 심외무법(心外無法)·심즉시법(心卽是法)이라는 뜻. 심법은 마음의 근원적인 법칙이라는 말. (4) 색법(色法)에 상대되는 말로서, 우주 만유를 색과 심(心)의 둘로 나눌 때 심왕(心王)과 심소(心所)를 말한다.

삼계의 대권

권도편(勸道編) 제49장

말씀하시기를 「무엇이나 안에 인력이 있으면 밖에서 기운이 응하게 되나니, 주막에 주객이 모이는 것은 술의 인력이 있기 때문이요, 덕인에게 사람이 모이는 것은 덕의 인력이 있기 때문이니라. 공부인이 형상 없는 마음 공부를 잘 하고 보면 무형한 심력이 생겨나서 무한한 우주의 큰 기운을 능히 이끌어 응용할 수 있게 되나니, 이것을 일러서 삼계(三界)*의 대권이라 하나니라.」

삼계(三界)

(1) 불교의 세계관. 중생들이 생사 윤회하는 미망의 세계를 3단계로 나누어 설명하는 것. 욕계(欲界)·색계(色界)·무색계(無色界)의 셋을 말하며 삼유(三有)라고도 한다. ① 욕계 : 식욕·색욕 등의 오욕이 치성한 세계로서 여기에는 지옥·아귀·축생·수라·미(迷)한 인간들이 사는 세계이다. ② 색계 : 오욕을 벗어나서 청정한 세계이나 아직도 물질적인 형체가 남아 있다. ③ 무색계 : 욕계나 색계를 벗어나서 순수한 정신적인 세계이지만 아직도 존재에 대한 욕망이 남아 있다.

(2) 과거·현재·미래의 세 가지 세계. 곧 삼세(三世)

(3) 천계(天界)·지계(地界)·인계(人界)의 세 가지 세계

(4) 시방제불·일체중생·자기일심의 세 가지

믿음은 모든 선의 근본이요
화합은 모든 복의 근원이라

응기편(應機編) 제46장

결혼하는 학인에게 글을 주시니 「信爲萬善之本 和爲萬福之源」이라, 번역하면 「믿음은 모든 선의 근본이요, 화합은 모든 복의 근원이라」 하심이요, 후일에 따로이 한 귀를 더 써 주시니 「誠爲萬德之宗」이라, 번역하면 「정성은 모든 덕의 조종이라」 하심이러라.

신위만선지본 화위만복지원(信爲萬善之本 和爲萬福之源) 믿음은 모든 선의 근본이요, 화합은 모든 복의 근원이라.

성위만덕지종(誠爲萬德之宗) 정성은 모든 덕의 조종이라.

무형한 진리 세계의 창고를 채우자

무본편(務本編) 제30장

말씀하시기를 「형상있는 창고만 채우려 힘쓰지 말고 무형한 진리 세계의 창고를 채우기에 힘쓰라. 수도인이 세속(世俗)*을 부러워하고 거기에 마음을 집착시키면, 그것이 종자가 되어 내세에 그 세욕을 이룰 수는 있으나 수양(修養)*이 매하여져서 잘못하면 타락하기 쉽나니라.」

세속(世俗) (1) 중생들이 사는 세상. 속세 또는 세간이라고도 한다. 티끌세상, 삼독오욕과 약육강식의 현실세계. 일반적으로 인간의 현실세계를 세속이라 하고, 교당·사찰·수도원 등을 청정도량이라고 한다. (2) 중생심을 가진 사람들이 사는 세상. 보살심을 가진 사람들이 살면 시장바닥도 청정도량이 되고, 중생심을 가진 사람들이 살면 교당·사찰·수도원도 세속이 된다.

수양(修養)

(1) 정신수양의 준말. 안으로 분별성과 주착심을 없게 하며, 밖으로 산란한 경계에 끌리지 아니하여, 두렷하고 고요한 정신을 양성하는 것.

(2) 도를 닦고 덕을 기르는 것. 심신을 단련하여 지혜와 덕행을 계발하는 것.

(3) 염불·좌선을 많이하는 것. 몸에 있어서 수기(水氣)를 올리고 화기(火氣)를 내리며, 마음에 있어서 망념을 쉬고 진성(眞性)을 나타내는 것.

세상만사에도 수가 있나니

무본편(務本編) 제38장

말씀하시기를 「장기와 바둑에만 수가 있는 것이 아니라 세상만사에도 수가 있나니, 범부는 눈 앞의 한 수 밖에 보지 못하고, 성인은 몇 십 수 몇 백 수 앞을 능히 보시므로 범부는 항상 목전의 이익과 금생의 안락만을 위하여 무수한 죄고를 쌓지마는 성인은 항시 영원한 혜복

공도(公道) (1) 공중을 위하여 일하는 것, 곧 전무출신의 길 (2) 순리 자연한 우주의 진리. 춘하추동의 변화는 천지 자연의 공도, 생로병사는 인생의 공도 (3) 모든 사람이 함께 진급하고 잘 살아가는 길 (4) 공평 무사하고 바른 길, 떳떳하고 당연한 이치

을 위하여 현재의 작은 복락을 희생하고라도 안빈낙도하시면서 마음공부*와 공도*사업에 계속 노력하시나니라.」

마음공부 (―工夫)

우리의 본래 마음을 찾아 깨쳐 기르고 사용하는 공부. 모든 공부 중에서 가장 크고 중요한 공부이다.

인간은 진리를 깨쳐야만 삶의 의미, 삶의 보람을 찾을 수 있다. 사람이 가치 있게 살고 못 사는 것은 진리를 깨치고 깨치지 못하는 차이이다.

진리를 깨친다는 것은 본래 마음을 찾고 깨치는 것이다. 마음을 깨치면 내가 곧 부처요 극락이다.

마음을 깨치면 내 마음을 내 마음대로 쓸 줄 알게 된다.

깨친 마음은 텅 빈 마음이요 무심이다. 텅 빈 마음은 삼독오욕이 없다. 삼독오욕이 없기 때문에 어떠한 경우에도 착심을 갖지 않고 죄업을 짓지 않는다. 죄업을 짓지 않기 때문에 생사거래에도 얽매이지 않고 육도윤회에도 끌려다니지 않으며 천만경계에도 마음을 빼앗기지 않는다.

깨친 마음은 텅 빈 마음이라 분별시비심도 끊어지고 사량계교심도 일어나지 않는다. 분별시비심이 없기 때문에 기쁘고 슬프고 좋고 나쁜 것에 마음을 빼앗기지 않는다. 항상 편안한 마음으로 살고, 다른 사람과 이해관계를 놓고 다투지 않으며, 상극악연을 맺지 않는다. 사량계교심이 없기 때문에 언제나 천진무구한 마음으로 진실하게 살아간다. 남을 이용하지도 않고 속이지도 않는다. 하늘을 쳐다보나 땅을 굽어보나 한 점 부끄러움 없이 청정한 마음으로 살아간다.

깨친 마음은 텅 빈 마음이라 사상(四相)이 없다. 아상·인상·중생상·수자상만 없는 것이 아니라 재색명리에 대한 욕심도 없고, 남녀상도 끊어지며, 원근친소 희로애락에도 끌려가지 않는다.

깨친 마음은 번뇌망상이 없다. 항상 마음이 편안하고 생각 생각이 보리심이며 가는 곳마다 극락정토다. 언제 어디서나 이 세상의 주인으로 역사창조의 주체자로 살아간다. 육근동작이 진실하여 그가 사는 곳은 어디나 성지요 문명국이다.

마음을 깨치면 삼세업장이 얼음 녹듯 사라진다. 고도 고가 아니요, 죄도 죄가 아니다. 캄캄한 밤에 촛불을 켜면 일시에 밝아지듯 마음을 깨치면 무명번뇌가 일시에 사라지고 지혜광명이 우주에 가득 찬다. 복혜구족하여 도명덕화하고 화피초목 뇌급만방의 큰 은혜가 나타난다.

마음을 깨치면 이 세상은 그대로 극락이요 은혜의 세계이며 희망과 기쁨으로 가득 찬다. 깨친 사람의 눈에는 이 세상 그대로가 처처불상 사사불공의 생활이 된다. 언제나 태평가를 부르고 보은 감사생활을 하게 된다.

마음을 깨치면 영생을 얻는다. 깨친 마음에는 생사가 없다. 불생불멸의 진리를 깨친지라 영원히 사는 것이다. 깨치지 못한

중생은 죽어도 깨친 부처는 죽지 않는다. 인간이 영원히 사는 길은 권력이나 재물이나 보약에 있지 않고 마음을 깨치는 데 있다. 부처와 중생, 극락과 지옥의 갈림길은 마음을 깨치고 깨치지 못 한 데에 있다. 영생을 얻고 얻지 못하는 것도 마음을 깨치고 깨치지 못 한 데에 있다.

그러나 마음을 깨치지 못 하면 전도몽상한다. 불나비가 불을 보고 아름다운 꽃인 줄로 잘못 알고 날아들어 타 죽듯이, 애착·탐착·삼독심에 빠져 악도에 떨어진다. 거짓 경계를 참 경계로 잘못 알아 재색명리에 마음을 빼앗기고 천만경계에 마음이 끌려다닌다. 생사의 경계에서 벗어나지 못하기 때문에 삶을 좋아하고 죽음을 싫어하다가 결국은 고통속을 헤매이게 된다.

깨치지 못 한 마음은 온갖 고통과 죄악의 근본이 된다. 모든 것이 텅 빈 진리를 모르기 때문에 형상있는 것에 집착하여 애착 · 탐착 · 집착 · 편착으로 죄업을 짓고 고통을 받게 되는 것이다. 마음을 깨치지 못 한 사람에게 이 세상은 지옥이요 화택(火宅)이다. 은혜를 모르기 때문에 늘 불평 불만의 생활이요, 대립 투쟁의 생활이며, 상극악연을 지어 강급하게 된다.

마음을 깨치지 못 하면 장님이요 귀머거리다. 지혜의 눈이 열리지 않기 때문에 눈 앞에 부처를 두고도 보지 못 하니 장님이요, 우주의 상주설법을 듣지 못 하니 귀머거리다. 진리를 알지도 못 하면서 함부로 아는 체 하여 사도(邪道)에 떨어지는 것이다.

마음을 깨치지 못 하면 영원한 세상에 육도윤회의 수레바퀴에서 헤어나지 못 한다. 일생을 두고도 육도윤회하고, 영생을 두고도 육도윤회하며, 하루에도 또는 일년에도 수없이 육도윤회하며 죄업과 고통에서 헤어나지 못 하는 것이다.

그러므로 마음을 깨치고, 마음을 찾고, 마음을 기르고, 마음을 마음대로 쓰는 마음공부가 가장 크고 급한 공부이며 보배롭고 가치있는 공부이다.

마음을 깨쳐 천상천하 유아독존의 참 나를 발견하는 사람은 영원한 세상에 자유와 평화를 얻게 되는 것이다.

심신의 수고와 재물을 아끼지 말고
정당한 공부 사업에 힘써
혜복을 갖추어라

무본편(務本編) 제57장

말씀하시기를 「한 사람이 세 딸을 출가시키며 벼 한 말씩을 주어 보냈는데, 몇 해 후에 살펴보니, 한 딸은 바로 식량으로 소비하고 가난하게 살며, 한 딸은 기념삼아 달아 매어 두고 그대로 살며, 한 딸은 그것으로 종자를 삼아 많은 농사를 지어 잘 살더라는 이야기와 같이, 사람 사람이 이 세상에 나올 때에 복(福)*과 혜(慧)*의 종자를

다 가지고 나왔으나, 과거에 지어 놓은 복과 혜를 다 소비만 하여 없애버리고 빈천하고 무식하게 사는 사람도 있고, 근신하여 방탕은 아니하나 새로운 복과 혜를 닦을 줄 모르고 늘 한 모양으로 사는 사람도 있고, 끊임없이 복과 혜를 장만하여 삼대력을 키우며 복도 그 일부만을 수용하고 그 대부분을 정당한 사업에 써서 그 복이 더욱 쌓이게 하는 사람도 있나니, 자기가 타고난 복이라도 남용을 하거나 허비만 하면 복을 덜어 앞 길이 볼 것 없는 것이요, 심신의 수고와 재물을 아끼지 아니하고 정당한 공부 사업에 힘쓰는 이는 혜복(慧福)*이 항상 유여하나니라.」

혜복(慧福) 지혜와 복락. 지혜가 밝고 복락이 많은 것은 인생에 있어서 행복과 성공의 열쇠가 된다. 불법을 수행하는 것은 지혜를 밝히고 복락을 장만하기 위한 것이다. 사리연구 공부를 잘해야 지혜가 밝아지고, 선업을 짓고 보시를 많이 하면 복락을 얻게 된다. 지혜와 복락을 아울러 갖추어야 행복하게 살 수 있다.

복(福)

인과보응의 이치에 따라서 착한 업을 지었을 때 오는 좋은 결과. 사은에 대해서 보은 불공을 잘 하였을 때 사은으로부터 다시 와지는 은혜. 선인선과·악인악과의 법칙에 따라서 선인을 짓는 것이 복짓는 법이 된다. 육바라밀을 수행하는 것도 복짓는 법인데 특히 보시를 많이 하는 것이 복짓는 좋은 방법이다. 그러나 무상보시·무념보시를 해야만 무루복을 받을 수 있다. 사람의 직업에도 복짓는 직업이 있고 죄짓는 직업이 있다. 복짓는 직업은 모든 사회에 이익이 미쳐가며 자신의 마음도 자연히 선해지는 직업이요, 죄짓는 직업은 사회에 해독이 미쳐가며 자신의 마음도 자연히 악해지는 직업이다. 그러므로 복짓는 직업을 선택해야 하며 세상에서 복짓는 제일 좋은 직업은 부처님 사업이다.

혜 (慧)

사리에 통달하여 모든 의심을 풀어버리는 슬기. 사리를 분명하게 분별하는 지혜. 무위법을 통달하는 것. 사리연구 공부로 대소유무(大小有無)의 이치와 시비이해(是非利害)의 일을 막힘없이 아는 힘. 일상생활 속에서 지혜를 밝혀가는 공부법은 ① 인간 세상의 모든 일을 당해서 일마다 바른 지혜를 얻어간다. 세상 살아가는 모든 일은 사리연구 공부의 대상이 되는 것이다. 모든 일을 범상히 넘기지 말고 문제의식을 갖고 대한다. ② 스승이나 동지와 더불어 의견 교환하기를 힘쓴다. 항상 스승을 마음속에 모시고 살며, 도반과 함께 늘 공부하는 마음으로 살아간다. ③ 일상생활 속에서 의심나는 문제는 끝까지 해결하기에 노력한다. 밥 한 끼를 굶을지언정 모르는 문제를 풀려는 노력을 쉬지 않는다. ④ 원불교의 모든 경전 공부에 부지런히 힘쓴다. 경전 공부를 매일같이 쉬지 않는다. ⑤ 모든 종교의 경전도 널리 참고하여 배운다. ⑥ 매일 같이 잠깐씩이라도 성리를 연마한다. 이상과 같은 방법으로 일상생활 속에서 지혜를 밝혀간다. 지혜는 인생에 있어서 영원한 세상을 살아가는 바른 길잡이가 된다.

나무 심기 좋아하는 마음은 덕 있는 마음

근실편(勤實編) 제23장

하루는 살구를 잡수신 후 박정훈(朴正薰)에게 말씀하시기를 「이 씨를 버리지 말고 도량(道場)*에 심으라. 나무 심기 좋아하는 마음은 덕 있는 마음이니라」 하시고 「설사 자기 당대에 결과를 보지 못한다 하더라도 후세에 덕을 심는 것이 되므로 여진 있는 도인의 심경이니, 나무 심기를 좋아하라.」

도량(道場) 수도를 하는 곳. 마음 공부를 하기 위해 모여사는 곳. 법신불 또는 부처님을 모신 곳으로 여러 사람이 모여 수도하는 곳.

매장이나 화장간에 적당한 대로 하라

예도편(禮道編) 제8장

또 묻기를 「재래 풍속에 부모가 열반하시면 자손이 음양 지리에 의하여 산지에 장사함으로써 모든 정성을 다하며 그로써 자손의 화복을 말하옵는데, 우리 회상에서는 매장이나 화장간에 적당한 대로 하라 하였사오니 그것이 어떠한 까닭이오니까.」 답하시기를 「부모가 열반하시면 자손이 토질 좋은 산지를 골라 장사하는 것이 좋으나, 거기에다 자손의 화복을 부쳐서 공연한 노력을 과히 하며 혹 무슨 연고(緣故)*가 있으면 백골천동(白骨遷動)*을 자주 하는 것은 옳지 못하나니, 보통 식물도 살아있는 때에는 땅의 정기를 받으나 말라 죽은 이상에는 땅의 정기를 받지 못하거늘 생기가 이미 떠나서 토석으로 화한 그 백골이 어찌 땅의 정기를 받아서 자손의 화복을 좌우할 수 있으리요. 이것도 또한 과거에 보은(報恩)* 사상을 장려한 한 형식이요 방편인 줄을 알아야 할 것이니라.」

연고(緣故) 이유 · 까닭 · 사유(事由). 그럴 수도 있다고 객관적으로 인정되는 까닭. 원불교의 삼십계문에 연고란 말을 사용하고 있다. 「연고없이 살생을 말며」, 「연고없이 술을 마시지 말며」, 「연고없이 쟁투를 말며」, 「연고없이 심교간 금전을 여수하지 말며」, 「연고없이 담배를 피우지 말며」, 「연고없이 때 아닌 때 잠자지 말며」, 「연고없이 사육을 먹지 말며」라 하였다. 이와같이 삼십계문 중에서 연고 조항이 7가지나 된다. 이는 필연적 연고가 있을 때에는 그럴 수도 있다는 대승적 입장을 나타낸 것이다.

백골천동(白骨遷動)

죽어서 땅속에 묻힌 백골을 다시 다른 곳으로 옮기는 것. 무덤을 다시 옮겨 만드는 일. 민속신앙에 자손에게 여러 가지 재앙이 닥치면 조상의 묘를 잘못 썼기 때문이라 하여 백골을 옮기는 경우가 있다. 이는 재앙을 피하고 발복을 원하는 미신적인 민속신앙에서 비롯되었다.

보은(報恩)

사은의 큰 은혜를 절실히 느껴서 항상 감사하고 보답하는 생활. 인간은 누구나 사은의 큰 은혜 속에서 태어나고 자라나며 살아가고 있다. 따라서 그 은혜를 절실히 느끼고 감사 보은생활을 하는 것이 인간의 도리이다. 천지은에 대해서는 응용무념의 도, 부모은에 대해서는 무자력자 보호의 도, 동포은에 대해서는 자리이타의 도, 법률은에 대해서는 법과 계율을 지키는 준법지계(遵法持戒) 생활이 보은이 된다. 보은은 곧 불공이며 처처불상 사사불공의 생활이 된다. 따라서 보은의 생활이란 자기 양심을 속이지 않는 생활이요 진리의 뜻에 따라 살아가는 생활이다. 보은 감사생활을 하는 사람은 늘 사은의 은혜 속에서 복을 받고 진급을 하게 되며, 상생상화·상부상조의 세계가 전개된다.

악심은 처음 날 때에 끊어 버리고
선심은 놓치지 말라

법훈편(法訓編) 제49장

말씀하시기를 「주자(朱子)*는 "가시나무는 쳐내도 다시 길어 나는데 지란(芝蘭)은 길러도 죽기 쉽다" 하였거니와, 우리가 선은 하기 어렵고 악은 범하기 쉽나니 악심은 처음 날 때에 끊어 버리고 선심은 놓치지 말고 잘 배양하여 수 만생 불종 선근이 뿌리 깊이 박히도록 힘을 쓰라.」

주자(朱子)

주자학(朱子學)을 집대성한 사람. 주자학은 중국 송나라의 주염계 · 정명도 · 정이천에서 비롯되어 주자에 이르러 크게 발전한 유학을 말한다. 흔히 성리학이라고도 한다. 이기설(理氣說)과 심성론(心性論)에 근거하여 격물치지(格物致知)를 주안으로 하는 실천도덕을 외치고, 인격과 학문의 성취에 힘써야 할 것을 주장하였다. 고려 말기부터 우리나라에 전래되어 조선시대에 국가 통치의 기본 이념이 되었고, 지배적인 학설로서 조선시대를 풍미하였다.

살아서 솔이 되어

법훈편(法訓編) 제71장

말씀하시기를 「옛 충신은 "죽어서 솔이 되어 독야 청청하리랴" 하였거니와, 우리는 살아서 솔이 되어 다 함께 청정하며 회상(會上)*과 세계에 충(忠)을 다하자.」

회상(會上) (1) 원불교 교단. (2) 대중이 모여서 부처님의 설법을 듣는 법회. 석가모니불이 영취산에서 설법하던 모임을 영산회상이라 한다. (3) 대중들이 모여서 공부와 사업을 함께 하는 장소. 교단을 수행의 집단이라고 보는 입장에서 회상이라 한다.